coleção primeiros passos 138

Paulo de Salles Oliveira

O QUE É BRINQUEDO

3ª edição, 2010

editora brasiliense

copyright © by Paulo de Salles Oliveira, 2010

Nenhuma parte desta publicação pode ser gravada, armazenada em sistemas eletrônicos, fotocopiada, reproduzida por meios mecânicos ou outros quaisquer sem autorização prévia do editor.

1ª edição, 1984
2ª edição, 1989
3ª edição, 2010
1ª reimpressão, 2016

Diretora editorial: *Maria Teresa B. de Lima*
Coordenação editorial: *Vanderlei Orso*
Produção Gráfica: *Laidi Alberti*
Diagramação: *Iago Sartini*
Revisão: *Ricardo Miyake*
Imagem da capa e ilustrações: *May Shuravel*

Dados Internacionais de Catalogação na Publicação (CIP)
(Câmara Brasileira do Livro, SP, Brasil)

Oliveira, Paulo de Salles
 O que é brinquedo / Paulo de Salles Oliveira. --
3. ed. -- São Paulo : Brasiliense, 2010. --
(Coleção primeiros passos ; 138)

 ISBN 978-85-11-00158-7

 1. Brinquedos - História I. Título. II. Série.

09-12794   CDD-649.5509

Índices para catálogo sistemático:
1. Brinquedos : História   649.5509

editora brasiliense
Rua Antonio de Barros, 1720 – Bairro Tatuapé
CEP 03401-001 – São Paulo – SP – Fone 3062-2700
E-mail: contato@editorabrasiliense.com.br
www.editorabrasiliense.com.br

SUMÁRIO

Mistérios do brinquedo 7
O artesanato do brinquedo 14
Industrialização e mercantilização dos brinquedos 29
A educação e o brinquedo 42
    O brinquedo educativo 44
    A ideia de educação nos brinquedos educativos 46
    A questão dos brinquedos bélicos 50
O brinquedo, a criação e a imaginação 55
Indicações para leitura 68
Sobre o autor 70

*À memória de
Antonio Aparecido da Silva (Padre Toninho)
e de
Octavio Ianni*

"*Incessantemente falam de negócio.
Contos, contos, contos de réis saem das bocas
circulam pela sala em revoada,
forram as paredes, turvam o céu claro,
perturbando meu brinquedo de pedrinhas
que vale muito mais.*"

(Os Grandes, Carlos Drummond de Andrade)

MISTÉRIOS DO BRINQUEDO

*"Poesia
é brincar com palavras
como se brinca
com bola, papagaio, pião.*

*Só que
bola, papagaio e pião
de tanto brincar
se gastam.*

*As palavras não:
quanto mais se brinca
com elas
mais novas ficam."*

(Convite – José Paulo Paes)

Pode parecer estranho um livro que trate de brinquedo. Não se conhece criança que tenha alguma dúvida a respeito do tema ou deixe de reconhecer sua importância. Ademais, em matéria de brinquedo, o mais provável é que as crianças tenham mais a ensinar que a aprender. Seria um livro-brinquedo, em que o autor se propõe a brincar com o leitor? A trabalhar ludicamente as emoções? A ideia pode ser estimulante, mas requer um refinamento literário, um alvará de livre trânsito pelas letras, que o autor não possui. Não obstante, as afinidades entre brincar e fazer poesia parecem infinitas.

Aqui, entretanto, a proposta não pode ser a de transformar um livro em brinquedo, mas de analisar alguns aspectos peculiares do brinquedo no livro. É leitura que pode ser atraente a algumas crianças, mas que se destina a adultos interessados no universo lúdico.

Alguém poderia manifestar reticência: com tantos problemas graves a afetar o Brasil, vale a pena perder tempo com brinquedos e brincadeiras? Será isso sério? Sim e não, eis a resposta.

A não seriedade, entendida aqui como não sisudez, é essencial para que uma brincadeira possa se realizar. Divertir-se é importante porque não nos deixa perder de vista que a vida também precisa ser vivida como brinquedo e que sempre nos oferece possibilidades de encantamento e poesia. As crianças são as primeiras a mostrar que uma das maiores qualidades do brinquedo é a sua não seriedade. O brinquedo não é sisudo para as crianças porque permite a elas fazer fluir sua fantasia, sua imaginação. E justamente por não ser pesado é que ele se torna sugestivo. Encerra uma promessa risonha, reabilitadora da inventiva e, dessa forma, percebe-se o quão significativo é brincar. Em outras palavras, a diversão que o brinquedo propicia é o jeito dele afirmar sua seriedade, isto é, de sua importância para todos nós.

Vamos imaginar crianças brincando. Se essa situação fosse marcada por um clima severo e circunspecto, dificilmente a capacidade de imaginação infantil encontraria canais de expressão e o brinquedo perderia a graça. Justo ela que reserva seus mais profundos segredos aos instantes de distensão. Felizmente, as crianças fazem do brinquedo uma ponte para seu imaginário, um meio pelo qual externam suas criações e suas emoções. O fluir da imaginação criadora dá densidade, traz enigmas, comporta leituras mais profundas, manifestações efervescentes, ricas em significados. Assim, o brinquedo adquire especial relevância e passa a ser merecedor de consideração. É essa a sua seriedade.

Certa vez se falou que toda ciência seria supérflua se o real fosse transparente. As crianças aplicam no brinquedo toda sua sensibilidade em duvidar daquilo que é dado, daquilo que é aparente. Brincando, elas recusam o imediatismo das coisas aparentes, os significados já explicitados de antemão. Para elas, aquilo que é não é. Como assim? Um carrinho não é apenas um carrinho; uma boneca não é apenas uma boneca. É tudo aquilo que a imaginação do ser brincante quiser.

> Era um navio de lata de cor alaranjada, feito para andar na terra e não na água: tinha duas rodas na popa e uma na proa. Quando eu lhe dava corda, o barco saía a vagar nas tábuas

do soalho e a balançar-se como se navegasse sobre as ondas dum mar escalpelado.

(*Solo de clarineta* – Érico Veríssimo)

As crianças em sua espontaneidade percebem desde cedo que os aspectos do mundo imediato representam tão somente uma das dimensões do real, mas não são o real. A descoberta do real é uma viagem que vai muito além do mundo das aparências. No brinquedo, a estreiteza dos significados óbvios e visíveis não é capaz de contentar as crianças, ao menos as mais curiosas. Haveria entre elas quem não seja? Querem sonhar, exercitar todos os sentidos com seus brinquedos e, junto a eles, sondar, sentir e conhecer o mundo. Nos brinquedos, exploram a invisibilidade daquilo que está bem diante de nossos olhos, mas que escapam ao discernimento dos adultos, particularmente dos que estão sempre com pressa. Tudo merece o envolvimento infantil. Desde as coisas mais grandiosas aos mais imperceptíveis detalhes… Nada, enfim, parece escapar à curiosidade da criança. Pode ser um punhado de areia escorrendo entre os dedos, uma estrela que brilha mais intensamente no céu, a sucessão das ondas no mar, o balanço de galhos e de folhas na árvore, um pássaro, um graveto, uma pedrinha…

> Que significa o quintal para Eduardo? Significava o chão remexido com pauzinho, caco de vidro desenterrado, de onde teria vindo? Minhoca partida em duas ainda mexendo, a existência sempre possível de um tesouro, poças d'água barrenta na época da chuvas, barquinho de papel, uma formiga dentro,

a fila de formigas que ele seguia para ver aonde elas iam. Iam ao formigueiro. Um pé de manga sapatinho, pé de manga coração de boi. Fruta do conde, goiaba, gabiroba. Galinheiro. A galinha branca era sua e atendia pelo nome: Eduarda!

(*Encontro marcado* – Fernando Sabino)

No uso do brinquedo revelam-se, também, muitos dos contrastes existentes entre as perspectivas adulta e infantil. Não aceitando o significado aparente do brinquedo, a criança ultrapassa a interpretação convencional acerca dele. Para os adultos, brincar geralmente significa entreter-se com coisas amenas, visando, inúmeras vezes, à fuga dos problemas e dos percalços da vida cotidiana, sejam eles no trabalho, na família ou no convívio social. O brinquedo permite o esquecimento, ainda que momentâneo, dos dissabores e momentos de tensão. Essa faceta é sem dúvida muito significativa e não deve ser minimizada. Ao contrário, se nessas condições o brinquedo consegue apazigar sentimentos feridos nos adultos, terá lhes feito bem.

O intento aqui é tão somente pontuar as diferenças, pois, para a criança, nada disso se coloca. Diferentemente dos mais velhos, é por meio do brinquedo que ela faz sua incursão no mundo, trava contato com os desafios e busca saciar sua curiosidade de tudo conhecer. Ainda que isso possa significar, como é comum, a quebra de determinados brinquedos. Neste momento, é importante discernir que esse ato pode ocorrer não em razão de um sentido destrutivo, mas pela curiosidade de conhecer como é o objeto por dentro.

É relevante que os responsáveis não se omitam, isto é, que pais e educadores saibam distinguir entre curiosidade e permissividade, pois é frequente a ausência ou inação dos adultos em oferecer referências e limites às crianças. Sem esses indicadores, com as crianças deixadas à deriva, como se poderia afirmar que não dão valor ao que têm? Ou mesmo que nem ligam para o sacrifício dos pais em comprar este ou aquele brinquedo? Talvez, em muitos casos, não tenham sido educadas a valorizar as ofertas, a partir das coisas mais simples. Essa deformação decorre da omissão de pais e educadores. Entretanto, estes não devem (não podem) se esquivar. Lembro-me do esforço de uma professora de dança que quis oferecer às suas alunas uma surpresa e uma lembrança na Páscoa. Comprou-lhes pequenos ovos de chocolates, dentro dos limites de seus modestos rendimentos. "Mas que pequeninho!" foi a resposta de algumas delas. A reação foi espontânea, mas teriam essas meninas sido formadas e sensibilizadas para perceber o alcance dos pequenos gestos? Quantas vezes não encerram generosidade e desprendimento na direção das necessidades do outro? Em outra situação mais feliz, crianças se apegaram entusiasmadas ao minúsculo pião de madeira que lhes foi ofertado como lembrança artesanal. Com um leve movimento dos dedos, girava e não parava mais, bastando que a superfície fosse plana e lisa.

A dissonância entre diferentes maneiras de entender o brinquedo tem gerado muitos problemas nas relações entre adultos e crianças. Qual brinquedo devo dar a meu filho? Até que ponto o brinquedo informatizado amplia ou limita a criatividade e a livre expressão da criança? Devemos insistir em que as crianças utilizem brinquedos artesanais se seus colegas se entregam, horas a fio, aos brinquedos eletrônicos? Como fazer para o professor aprender a brincar, a criar, a fazer brinquedos sem ser tachado de pouco inteligente, populista ou superficial? É ou não prejudicial dar brinquedos que imitam armas de fogo? Por que as crianças nem sempre se empolgam com os brinquedos educativos? Como fazer com que elas entendam que o brinquedo que muitas vezes querem ganhar está acima das possibilidades de compra?

Essas e outras infinitas questões servem para mostrar que o mistério dos brinquedos é bem grande. Sua visibilidade pode não ser tão evidente diante de problemas de desigualdade social, que povoam o cotidiano de certos países, entre os quais o Brasil. Nem por isso, entretanto, sua importância é menor. Tanto assim que, mesmo ocorrendo mudanças reais na sociedade, dessas que possam trazer melhoria nos padrões de desenvolvimento, isso não implica necessariamente que delas decorram modificações no modo de relacionamento diário entre adultos e crianças. "A verdadeira mudança política", diz Ecléa Bosi, "dá-se a perceber no interior, no concreto, no miúdo. Uma revolução que não comece e não acabe transformando o cotidiano não merece nosso empenho."

Nos brinquedos, práticas e interpretações sociais estão representadas. Um estudo do brinquedo permite uma incursão crítica ao solo em que se funda a sociedade; ajuda a entender a situação social das crianças em relação aos adultos; testemunha, além disso, a riqueza do imaginário infantil a enfrentar a maior de suas aventuras – a superação de barreiras e condicionamentos.

O ARTESANATO DO BRINQUEDO

"Mauro foi ao terreiro e apanhou um caixote velho que a mulher atirara ali. Com o olhar vago, pôs-se a examiná-lo. Dá um bom carrinho para Luzia, pensou. E as rodas? Como fazer as rodas? Só mesmo se vovô ajudasse, que o avô tinha muito jeito para essas coisas. Depois pintariam o carrinho de azul. Sentou-se no caixote. E sorriu para Luzia que ia indo pelo campo afora num carrinho azul. Teodoro equilibrava atrás e a menina ria, ria, a sacudir a cabeça encacheada. 'Cuidado' ia gritar-lhe Mauro. Mas, de repente, como uma bolha de sabão, o carrinho subiu e desfez no ar."
(*A recompensa* – Lígia Fagundes Teles)

"Importante era o quintal da minha meninice com seus verdes canudos de mamoeiro, quando cortava os mais tenros que sopravam as bolas maiores, mais perfeitas. Uma de cada vez (...)"
(*A estrutura de bolha de sabão* – Lígia Fagundes Telles)

Os brinquedos artesanais sempre tiveram espaço muito importante na formação social de todas as pessoas. São insubstituíveis justamente porque concebidos e realizados na sua totalidade por gente como nós, no ritmo que é próprio à condição humana, como produto da habilidade manual, da fantasia e da capacidade criadora de cada um. Muitos defendem sua afirmação e sua persistência situando-os em oposição aos brinquedos industrializados. Não é esta, porém, a perspectiva aqui abraçada.

Carrinhos de rolimã, bonecas de pano, casinhas de madeira, pipas (papagaios, pandorgas), bonecos, bichos feitos com trapos e enchimentos... Quem de nós algum dia não se deixou envolver, encantando-se com esses e outros brinquedos? Quantas vezes nós mesmos construímos e nos empolgamos com objetos desse tipo? Ainda hoje, com toda avalanche da informatização, crianças – ensinadas ou não por pais, avós ou amigos mais velhos – fazem brinquedos que povoam seu cotidiano.

Nem todo brinquedo artesanal é, porém, obra e arte de quem os usa. Na sociedade em que vivemos há desde o brinquedo feito pelo artesão profissional, altamente qualificado, com a marca peculiar do gênio criativo, até aqueles conhecidos brinquedos, também chamados artesanais, porém produzidos em verdadeira escala semi-industrial. No primeiro caso situam-se verdadeiros artistas, que fazem do seu trabalho simultaneamente um modo de sustento e um meio de expressão cultural. No segundo caso, está aquilo que bem poderia ser designado como *industrianato*, ou seja, uma produção manufaturada de brinquedos, dominada pela uniformidade (de cores e modelos), pela padronização (produção restrita a determinados tamanhos e formatos) e pelas possibilidades de consumo (voltando-se fundamentalmente para atender a uma demanda de mercado).

> Na feira livre do arrabaldezinho
> Um homem loquaz apregoa balõezinhos de cor:
> — "O melhor divertimento para todas as crianças"
> Em redor há um ajuntamento de menininhos pobres,
> Fitando com olhos muito redondos os grandes balõezinhos
> muito redondos.
>
> (...) O vendedor infatigável apregoa:
> — "O melhor divertimento para as crianças!"
> E em torno do homem loquaz os meninos pobres fazem um
> círculo inamovível de desejo e espanto.
>
> (*Balõezinhos* – Manuel Bandeira, *Estrela da vida inteira*)

Todavia, a maior parte dos brinquedos artesanais não provém da aquisição. Ou são adultos que se dedicam por lazer à confecção de brinquedos com e para seus familiares, ou a própria pessoa que usa o brinquedo é quem o faz. Ainda que seja um trabalho feito em escala manual e doméstica, anonimamente realizado – na rua, num pequeno quarto ou no fundo de quintal –, nem por isso perde sua importância.

O que é brinquedo

Não tínhamos nenhum brinquedo
comprado. Fabricávamos
nossos papagaios, piões
diabolô.
À noite de mãos livres e
pés ligeiros era: pique, barra-manteiga, cruzado.
Certas noites de céu estrelado
e lua, ficávamos deitados na
grama da igreja de olhos presos
por fios luminosos vindos do céu.
Era jogo de
encantamento.

(*Poemas* – Candido Portinari)

Em uma sociedade consumista como a nossa, organizada para a produção e o consumo frenético de mercadorias, os brinquedos artesanais sofrem discriminação. Pessoas com maior poder aquisitivo ou mesmo aquelas que não têm tantos recursos assim, mas que foram seduzidas pelo consumo, mostram-se muito mais interessadas em adquirir brinquedos industrializados do que propriamente em valorizar a produção artesanal desses objetos. Às vezes, o preço é tão irrisório, conforme o contexto em que se dá a oferta, que desencoraja potenciais artesãos. Mais fácil é comprar feito.

Procedimentos dessa natureza também encontram ressonância dentro da classe média e acabam se reproduzindo em escala social mais ampla. Por isso torna-se interessante o debate crítico das diferentes formas de discriminação que recaem sobre o brinquedo artesanal.

TRADIÇÃO E INOVAÇÃO

Logo que se fala em brinquedo artesanal muitos imediatamente o associam às coisas do passado, como se o brinquedo artesanal dissesse respeito exclusivamente à infância de nossos avós.

É certo que, como toda prática artesanal, a atividade de fazer brinquedos com as próprias mãos tem raízes em sociedades pretéritas. Assim, quando um artesão hoje faz um brinquedo, tanto como forma de trabalho como em regime de apropriação lúdica, ele o faz não só com base na sua experiência prática individual. Agrega uma sabedoria acumulada da atividade artesanal, que é fruto do trabalho e do conhecimento prático, deixado pelas gerações que nos precederam. Há, portanto, elementos de conexão entre a atividade artesanal e o passado. Todavia, se a atividade artesanal sobreviveu ao tempo – e hoje persiste em outra sociedade, inteiramente diversa, até mesmo como forma de resistência – verdade é que se modificou largamente seu significado. Não se trata, pura e simplesmente, de um resquício, até certo ponto nostálgico, pairando no ar.

O fato de o brinquedo artesanal ainda se fazer presente numa sociedade dominada pela automação e, mais recentemente, pela informática, testemunha conflitos e antagonismos. E também representa a negação, realizada por artesãos amadores e profissionais, em deixar perecer não apenas brinquedos, mas, fundamentalmente, modos de se expressarem no mundo, valendo-se da destreza que resulta de sua habilidade manual. Mãos humanas são capazes de exprimir o que máquina alguma poderia fazer, isto é, nossa própria identidade.

Por outro lado, a criação artesanal de brinquedos não se restringe a carros de boi, marias-fumaças, bonecas de sabugo de milho e outros brinquedos tradicionais. Nos dias de hoje, há um trabalho variado de artesãos anônimos, que se traduz em outros tipos de brinquedo: carrinhos de rolimã em diversos modelos, diferentes tipos de bonecos e bichos de pano, naves espaciais em papel ou madeira etc. Há também casos em que velhos brinquedos ganham nova roupagem, a exemplo de pipas e balões. Não obstante estes sejam hoje proibidos, existe uma arte baloeira bastante diversificada e que lida com apurada tecnologia. As pipas, por sua vez, não mais se limitam ao papel de seda e à linha *cordonnet*, sendo feitas também de náilon ou plástico, com estruturas desmontáveis em madeira ou alumínio, cores vibrantes e tamanhos colossais. Carrinhos de rolimã também ganharam outras feições. Em âmbito universitário, por exemplo, esse brinquedo é tema de discussão, preparação e disputa em competições regulares organizadas por alunos da Escola Politécnica da Universidade de São Paulo, nos sinuosos trechos de descida da rua do Matão, na Cidade Universitária.

Se em certas regiões do país há ainda quem faça artesanalmente apenas brinquedos tradicionais, até mesmo como forma de preservação, isso não implica que toda produção manual de brinquedos resulte em um brinquedo do passado. Pode, isto sim, valer-se de técnicas e de conhecimentos herdados, mas o ato criativo, produto da ação humana, historicamente localizada no presente, não se restringe a reproduzir aquilo que já foi feito. Aduz novos conhecimentos, novas práticas, inventa novas técnicas, introduz novas formas, novos materiais e, por assim dizer, recria a prática artesanal, ajustando-a a outros tempos e a outras perspectivas. Esses artesãos, anônimos ou não, servem-se da tradição manual não para aprisioná-la, e sim para renová-la.

O ARTESANATO DE BRINQUEDOS E A CULTURA

O brinquedo artesanal, ao ser produzido numa sociedade que tem procurado adestrar as pessoas a consumir produtos acabados, permite uma reabilitação do homem criador perante a produção cultural. Com seu trabalho, transformando e dando nova feição à matéria bruta ou semielaborada, o artesão abandona o papel que a sociedade lhe reservou como simples consumidor de bens culturais e demais mercadorias. Refutando a posição de sujeito passivo da ação, assume a condição ativa de construtor do cenário cultural, nele imprimindo sua marca pessoal, intransferível, de modo a identificar criador e criatura nos objetos-brinquedos de sua fruição. Criança qualquer jamais hesitaria em distinguir o brinquedo que ela fez, diante de outros, comprados ou feitos por seus colegas.

Querer situar o artesão comum de brinquedos como produtor de cultura pode parecer uma afronta. Somente, entretanto, para aqueles que consideram a cultura no sentido restrito de legado espiritual do passado, conjunto de bens e conhecimentos elaborados por gentes e civilizações ilustres. Aos simples, às pessoas comuns, só restaria resignar-se a aprender e assimilar, não havendo brecha para alguma ousadia que se pretendesse criativa.

Não resta dúvida de que a cultura, em boa parte, diz respeito à produção espiritual do passado. Mas ela não poderia restringir-se a isso. E o presente? E a produção dos agentes culturais de hoje? Importa, então, ir além da visão de cultura centrada nos artigos e objetos de consumo, passando a compreendê-la sob uma perspectiva que, sem menosprezar o produto, incorpore também o produtor, a figura humana que, com o seu fazer, modela, transforma, reelabora e dá nova forma aos materiais e à natureza.

Brinquedos, vestimentas, tipos de comida, danças, músicas, livros, costumes, usos e outras tantas formações simbólicas constituem a cultura. Ela não é apenas um legado, é também uma construção. Quando se fala de artesãos de brinquedos, refere-se a homens, mulheres, jovens e crianças de hoje, gente que no seu cotidiano, constrói, ou ajuda a construir a produção cultural. Gente que consome e que produz; que assimila, mas também inova; que reitera, mas que igualmente questiona o real. Gente inconformada com a subordinação e a uniformização da cultura aos padrões predominantes. Gente, enfim, que constrói a pluralidade e a heterogeneidade das manifestações culturais, partindo da riqueza e da simplicidade da expressão manual.

O artesão de brinquedos pode realizar, desse modo, uma ação social transformadora, que aponta para dois sentidos: num deles, recusa-se a abdicar de sua participação na produção de uma manifestação cultural, que se expressa pelas mãos; noutro, ao optar por uma prática cultural artesanal, questiona a discriminação sancionada pela sociedade de consumo, distinguindo e subordinando a atividade manual à atividade intelectual.

OS QUE "SABEM" E OS QUE "FAZEM"

A separação entre atividade manual e atividade intelectual é uma prática historicamente anterior à sociedade em que vivemos, mas que é amplamente aceita e reproduzida por esta, na estratificação das classes sociais. Representa, antes de tudo, uma concepção de teor elitista. Procura distinguir os que "sabem" (*homo sapiens*) dos que "fazem" (*homo faber*), reservando as atividades nobilitadas e superiores às camadas de renda elevada e cultas. Todas as demais práticas, em especial aquelas que sujam as mãos, são consideradas ocupações menores, destinadas às massas, à chamada classe baixa, inculta e inferior.

Trata-se de uma concepção classista, que reafirma uma associação entre condição social e ocupação: as tarefas cerebrais, que exigem decisão e poder, ficam com as categorias endinheiradas e as funções subalternas, mecânicas e pesadas, com as classes populares.

Pode ser também, conforme o caso, uma concepção que mostra componentes racistas ao relacionar tarefas manuais e servis às populações negras e mestiças, como que a repor, com novo figurino, estranhas formas neoescravistas.

Por meio do brinquedo artesanal (e de outros tipos de artesanato) é possível avaliar-se as fragilidades de nossa organização social. No Brasil, desde os tempos de colonização portuguesa, a discriminação associada contra os negros e contra a atividade manual foi uma constante. Historiadores clássicos são unânimes em apontar essas mazelas da sociedade. O desprezo senhorial pelas atividades das mãos era imenso: de um lado, simbolizava a diferenciação social (estimava-se a superioridade na hierarquia social por meio da capacidade em se fazer servir pelo maior número de escravos); de outro, estigmatizava tanto os que tinham ocupação manual como todos os seus descendentes.

Entende-se, desse modo, por que a atividade das mãos foi sendo suprimida da memória em contextos culturais eruditos. A construção artesanal de brinquedos, sendo uma atividade manual, é herdeira dessa discriminação: não é considerada como cultura na memória dominante e deste modo sequer é merecedora de alusão.

Por mais que o país tenha mudado, pode-se dizer que a concepção que procura separar os que "sabem" dos que "fazem" ainda mantém vivos muitos dos seus traços. Como, por exemplo, a visão caricatural que ainda é feita dos artesãos e de sua produção, pautada numa suposta excentricidade. Ou os mecanismos de exploração dos *marchands*, que, a pretexto de redescobrir o valor cultural do produto artesanal, não fazem outra coisa a não ser explorar em seu proveito o valor econômico do mesmo. No trajeto que o brinquedo faz, vindo dos bairros da periferia, do sertão ou das feiras livres para butiques sofisticadas ou para lojas de *souvenirs*, seu preço sofre várias multiplicações. É a alegria dos que "sabem" a repousar nos afazeres desqualificados e nas agruras dos que "fazem".

O BRINQUEDO ARTESANAL NA ESCOLA E NA FAMÍLIA

Os problemas de discriminação do brinquedo artesanal não se esgotam, porém, na esfera socioeconômica. Repercutem também no âmbito cultural por intermédio de instituições como a escola e a família.

No âmbito escolar, do primeiro grau à universidade, salvo as exceções de praxe, o mais comum é a reprodução da postura elitista onde não há lugar digno para o saber manual. Certamente as escolas têm uma missão educativa importante, mas, quanto às atividades manuais e, mais particularmente, com relação às atividades lúdicas ligadas ao brinquedo, o que têm feito é reiterar no plano cultural as mesmas discriminações que ocorrem no nível socioeconômico. A exploração das diferentes formas de expressão manual ou não se faz presente ou pouco destaque merece nos currículos escolares, qualquer que seja o grau que se queira tomar com exemplo.

> Começou a lição de escrita... Com franqueza estava arrependido de ter vindo. Agora que ficava preso, ardia por andar lá

fora, e recapitulava o campo e o morro, pensava nos outros meninos vadios, o Chico Telha, o Américo, o Carlos das Escadinhas, a fina flor do bairro e do gênero humano. Para cúmulo de desespero, vi através das vidraças da escola, no claro azul do céu por cima do Morro do Livramento, um papagaio de papel, alto e largo, preso a uma corda imensa, que boiava no ar, uma coisa soberba.

(*Conto da escola* – Machado de Assis)

Quando a escola propicia alguma iniciativa nessa direção, a prática quase invariavelmente resulta num mosaico simplista e banalizador, coquetel indigesto e confuso de atividades, que muitas vezes mais desinformam do que estimulam as formas de expressão cultural com mãos. Diante de tais procedimentos de ensino, como pretender que as atividades de expressão manual sejam vistas e tratadas como culturalmente equivalentes às outras manifestações? Assim, seja por ausência seja por banalização, a escola acaba reforçando essa deformação. Justamente ela, que em tese deveria ser uma agência de crítica e renovação do conhecimento, acaba se enredando em malhas e armadilhas de estereótipos e preconceitos, desdenhando do imenso universo da produção manual. Qual criança não gostaria de ter na sua escola um aprendizado cultural que incorporasse a experiência lúdica trazida pelo brinquedo artesanal? Por que delas retirar a oportunidade de construir os objetos do seu brincar?

Muitos dos problemas verificados na escola também ocorrem na família. Só que, dentro da esfera familiar, o brinquedo artesanal muitas vezes simboliza a introdução da anarquia na ordem doméstica. Elementos como terra, areia, madeira, latas, folhas, papel, cola e outros – verdadeiras matérias-primas do brinquedo artesanal – são todos materiais que subvertem o bem-estar doméstico, pois produzem sujeira e desarticulam a previsibilidade, o controle e a ordem das coisas. Não combinam com o brilho do piso ou com a limpeza do ambiente. As coisas não podem, não devem sair do seu lugar e advém uma enorme resistência a que isso ocorra.

De um modo geral, nem a família nem a escola aprenderam a importância da expressão manual. Não se deram conta de que toda atividade manual é também atividade intelectual – não há separação. A prática manual também requer conhecimento, habilidade, talento e criatividade. Todos esses ingredientes fazem parte da criação do brinquedo artesanal, sem falar que o próprio ato criativo torna-se, nesse caso, também um ato lúdico. Na feitura do brinquedo, trabalho e satisfação não estão divorciados. Esta é outra lição aparentemente esquecida: quantos não gostariam de poder agregar o lúdico em seu fazer?

Hoje, dentro da classe média, há quem se junte aos mais simples na militância por uma cultura também manual. Cada brinquedo artesanal testemunha essa luta. Uma pipa no ar, um carrinho de rolimã no asfalto, bonecas de pano no quarto, figuras de barro, marionetes, dobraduras de papel, caminhões e ônibus de madeira, trenzinhos de lata, personagens modelados na massa... é o mundo artesanal das coisas lúdicas a reivindicar seu espaço na cultura. O artesão do brinquedo transforma e trabalha os materiais tanto quanto o ator trabalha o texto; o escritor, a palavra; o poeta, o verso; e o cientista, os fenômenos e as teorias.

O BRINQUEDO ARTESANAL NO MUNDO DO CONSUMO

Se muitos dos artesãos profissionais do brinquedo se veem compelidos a praticar o industrianato e a se sujeitar aos *marchands* de cultura popular, isso não ocorre, entretanto, com a imensa maioria dos artesãos do brinquedo, isto é, adultos, jovens e crianças que teimam em fazer, eles próprios, os objetos de seu brincar. Nesse gesto simples, mostram uma enorme indiferença aos apelos de consumo e ainda libertam o brinquedo da subordinação ao dinheiro. Não fizessem eles os objetos do seu divertimento, teriam de comprá-los prontos. Teriam, enfim, de gastar e assumir a condição consumidora, para a qual todos são induzidos.

O brinquedo artesanal, como se vê, não necessita ser contraposto ao brinquedo industrializado para se mostrar importante. Uma análise recuperadora do significado do brinquedo artesanal não precisa ser feita à custa da oposição ao brinquedo industrializado. Basta observar o cotidiano de nossa sociedade para ver como adultos e crianças se encarregam de manter vivo o espaço dos brinquedos artesanais, a despeito do domínio e do fascínio exercidos pelos industrializados.

Por meio do objeto lúdico que constrói, o artesão anônimo de brinquedo se transforma em produtor de cultura. Acrescenta a ele o caráter lúdico, a alegria e o encantamento. Prescinde até mesmo do dinheiro, ponto principal que rege as relações econômicas, sociais e culturais na sociedade de consumo. Nega-se a se curvar ante as determinações e, além de tudo, ainda se diverte muito com isso. É a magia do trabalho das mãos, capaz de agregar singeleza e complexidade. Tão forte é essa relação que os detentores do capital, incomodados, cuidam para que as mãos manobrem nas linhas de montagem, ficando, assim, como mostra Alfredo Bosi, "à distância dos seus produtos".

III
INDUSTRIALIZAÇÃO E MERCANTILIZAÇÃO DOS BRINQUEDOS

"Ninguém pergunta mais;
– Você vai brincar no carnaval?
Brincar, irmão, quem pode brincar
se perdida foi a ideia de brinquedo?
Alguns ainda perguntam;
– Como é? Vai pular no carnaval?
(...)
A rua, onde ficou
a velha rua, seu espaço de brincar,
seu aberto salão a céu aberto,
sem entrada paga, sem cambistas
e fiscais?
(...)

*Como comprar, como pagar
o que não tem preço e chama-se
alegria?"*

(Carlos Drummond de Andrade,
Folha de S.Paulo,16-2-1980)

No Brasil, o processo de industrialização trouxe enorme diversificação em cada tipo de brinquedo. As bonecas, por exemplo. Quem entrar numa loja comum de brinquedos há de ver ainda as bonecas de plástico, mais rudimentares, sem roupas, com braços e pernas articuláveis. Além dessas, irá encontrar as bonecas cujo charme está em desempenhar uma determinada função especial (bater palmas, chorar, rir, dar beijos, tomar mamadeira, fazer xixi etc.). Outras bonecas disponíveis têm como atração maior a variedade de trajes com que aparecem vestidas, sempre trazendo indumentária renovada de acordo com a moda e com o visual adotado pelo padrão de mulher que procura representar. E não se pode esquecer dos robôs, ou seja, bonecos cuja aparência logo os identifica ao mundo das conquistas da informática.

A indústria de brinquedos, que a princípio ocupou-se em transformar materiais como madeira, tecido, chumbo e lata, sofreu imensas modificações após a II Grande Guerra, ao incorporar variados tipos de plástico como matéria-prima de brinquedos. A assimilação do uso do plástico foi fator importante de expansão na produção e variedade dos brinquedos, embora os artificializassem na medida em que foram substituindo quase que totalmente os elementos naturais, modificando as relações das crianças com seus brinquedos. Para a indústria, o plástico representou barateamento de matéria-prima, agora capaz de adaptar-se de forma prática e rentável à era das máquinas. Para os pais, certos brinquedos de plástico tornaram-se sinônimos de funcionalidade, especialmente os inquebráveis e laváveis, que resistem às duras provas a que são submetidos em mãos infantis. O aproveitamento dos plásticos em brinquedos, todavia, contribuiu para dar outra feição às brincadeiras, ao mesmo tempo em que se artificializaram também as relações sociais. Pouco a pouco, as ruas foram deixando de ser espaços de reunião e convivência de crianças, reduzindo as possibilidades de florescimento do associativismo infantil, todo ele baseado nos jogos, brinquedos e brincadeiras praticados ali, na rua. Multiplicaram-se nas cidades as formas veladas e explícitas de violência. Modificaram-se substancialmente as relações no âmbito familiar. As mulheres tiveram direitos reconhecidos, mas, em boa parte, sem se desobrigarem do dever de também trabalhar fora para garantir a subsistência familiar. Enquanto isso, as crianças passaram a ficar presas em casa, tendo os brinquedos ou a televisão como companheiros. Não é raro, embora assustador, que até mesmo em escolas isso aconteça, especialmente quando os professores faltam.

Os brinquedos industrializados são os que mais se afinam com a ordem doméstica. Seja porque a sociedade, tal como está constituída, procura induzir todos ao consumo, e o brinquedo é um importante ingrediente disso, seja porque os brinquedos industrializados se ajustam melhor a estes espaços: não provocam sujeira e quando quebram vão para o lixo, substituídos por outros. Embora cada vez mais raros, existem ainda os consertadores, os médicos de clínicas de pronto-socorro dos brinquedos infantis.

O ARTESANAL E O INDUSTRIAL

A industrialização do brinquedo exerceu também influência no artesanato. Muitos dos artesãos profissionais foram levados a reproduzir ao máximo as criações de maior aceitação no mercado como última tentativa de sobrevivência em face do domínio do brinquedo industrializado. Nesses casos, que não foram poucos, a atividade artesanal perdeu muitas de suas características. A identidade do autor, por exemplo, que se exprimia na obra realizada como marca singular e intransferível, conformou-se à preservação de um certo estilo ou nem mesmo isso, já que outros artesãos trataram de copiar as fórmulas bem-sucedidas de seus companheiros. Quando isso acontece, o artesanato se destrói a si mesmo, vergando-se numa luta suicida diante de um poder infinitamente maior.

A sociedade de consumo está organizada para produzir e devorar mercadorias ininterruptamente e essa regra envolve tanto brinquedos gerados pela indústria quanto aqueles realizados pelo industrianato. Quem os faz, pensa antes de tudo em encontrar quem os compre, reservando por certo uma margem de lucro.

Não se pode, porém, comparar a dimensão de lucro do artesão profissional com a das grandes corporações, algumas com presença em vários países. Os brinquedos produzidos em larga escala são todos eles fruto do trabalho, da ação produtiva de determinados homens numa fábrica qualquer. Contudo, diferentemente dos brinquedos artesanais, seus autores não aparecem. Ficam ocultos na mercadoria. Os brinquedos industrializados não são identificados pelos homens que o fizeram, mas pelo nome adotado pela indústria na qual foram produzidos. Assim, fica mais difícil que os operários se reconheçam no brinquedo que acabaram de fabricar. Cada um fez uma parte apenas, acionando máquinas ou instrumentos. Ao final da linha de montagem, o brinquedo não é produto do trabalho do João ou da Maria, embora eles e tantos outros companheiros tivessem contribuído para sua fabricação. No entanto, o fato de fazerem brinquedos – e não outro artigo – pode ajudar a que mantenham dentro de si sentimentos de ternura, como o de se perceberem ligados às crianças, como ocorreu com a operária japonesa, no filme *Viver*, de Akira Kurozawa. Disse ela em certa passagem: "Faço brinquedos como este coelhinho! É divertido, pois é como se todas as crianças fossem minhas amigas".

A MERCANTILIZAÇÃO DO BRINQUEDO

A bola, a boneca, o carrinho são, a exemplo de outros brinquedos, elementos universais, presentes ao longo do tempo em diferentes culturas. Quando, porém, transformam-se em objetos industrializados e comercializáveis, passam a depender do fato de se ter ou não dinheiro para comprá-los. Não basta o brinquedo ser um elemento universal. No momento em que ele é fabricado e anunciado a um determinado preço, o acesso a ele fica restrito aos que podem dispor de uma dada quantia para adquiri-lo.

É verdade que, tentando abarcar as faixas mais amplas da população, inclusive as de menor poder aquisitivo, as indústrias lançam mão de uma grande variedade de brinquedos, em diferentes segmentos de preço, buscando serem acessíveis. Estes brinquedos representam cerca de 75% da produção total no Brasil. Encantam e divertem, embora nem sempre sejam os mais atraentes para as crianças, pudessem elas escolher. Há, porém, exceções e, quando a indústria de brinquedos consegue oferecer um produto sedutor por um preço reduzido, o êxito comercial é dos mais rentáveis. Brinquedos como a boneca *Fofolete* exemplificam isso. É bastante difundida, todavia, a vinculação dos brinquedos mais cobiçados aos mais caros, destacando-se os *videogames*, como o *PlayStation* e o *Nintendo*, em suas várias versões, e bonecas mais sofisticadas, como a *Barbie*, especialmente quando associadas a personagens – todos eles mundialmente bem-sucedidos, permanecendo como atração por anos e anos a fio.

Entretanto, nem sempre a discriminação se restringe ao alto custo do brinquedo. Há vezes em que a própria publicidade divulga, insinua, sugere uma espécie de aura que não vem junto com o brinquedo. Uma coisa é, por exemplo, a boneca *Barbie*, comprada na loja e acondicionada num sarcófago (nome que alguns técnicos dão à embalagem pela sua semelhança uma urna funerária). Outra bem diferente é a *Barbie* que aparece na TV, com cenário, movimento, adereços, equipamentos e várias peças complementares.

Os anúncios recriam a fabulação infantil, diriam seus defensores. Mas como imaginar pelas crianças? Esse exercício cabe a elas realizar; não aos publicitários. Entende-se então por que a indústria de brinquedo compra serviços de publicidade em espaços de grande audiência do público infantil junto à televisão.

O negócio da industrialização do brinquedo no Brasil envolve, muitas vezes, uma operação transnacional. *Snoopy, Falcon, Barbie, Genius* e muitos outros brinquedos são disso testemunhas. Por outro lado, a indústria nacional sofre atualmente acirrada concorrência feita pelos brinquedos que vêm de fora, especialmente da China.

A questão não se limita apenas à dimensão econômica. Junto com ela está presente a questão cultural. São personagens, nomes, equipamentos, gestos, atitudes, valores que se apresentam como mundialmente aceitos e reconhecidos. São transplantados, sem cerimônia, e divulgados a toda sociedade que os queira consumir, como ocorre com vários brinquedos, a exemplo das figuras do *Playmobil System*. Ciente disso, a indústria brasileira procura fazer adaptações às particularidades locais, seja nos produtos que vende aqui seja nos que exporta.

Como, entretanto, os brinquedos são difundidos indistintamente a todas as classes sociais, por meio da televisão e de outros meios de comunicação, não é estranho que a população de menor renda, habitante da periferia ou da zona rural, almeje para seus filhos os mesmos brinquedos dos mais abastados. E não deixa de ser interessante observar também que muitos dos jogos eletrônicos que hoje encantam os amantes de *videogame* derivam daqueles existentes nos fliperamas, jogos que de há muito tempo são manejados por *office-boys*, operários, estudantes ou subempregados, entre outros.

Os brinquedos industrializados, nunca é demais lembrar, são concebidos e fabricados por adultos para crianças. Quando a indústria procura fazer uma sondagem que envolve a criança, o interesse geralmente se encontra nas expectativas de consumo. Às grandes corporações interessa prioritariamente seduzir consumidores para realizar negócios e não necessariamente conhecer e respeitar as peculiaridades das crianças, enquanto seres humanos. Um brinquedo é lançado à praça em razão de sua potencialidade lucrativa para a empresa que o produz: uma operação comercial e nada mais que isso.

Além da indústria, o Estado também se interessa muito pela industrialização e comercialização do brinquedo. Graças a essas operações, a instituição oficial arrecada vultosos recursos e trava infindável luta de interesses com os industriais, pois em média a tributação que incide sobre os brinquedos supera o índice de 40% do preço final do produto. Este é um traço da política tributária que, além de encarecer o artigo e assim criar obstáculos ao consumidor, acaba estimulando variadas formas de sonegação, desde a entrada clandestina de artigos até a importação de produtos semiacabados para serem finalizados na filial, sediada no país.

BRINQUEDOS ELETRÔNICOS: DOS FLIPERAMAS AOS *VIDEOGAMES*

O desenvolvimento tecnológico que se manifesta pelas conquistas da informática envolve atualmente tanto os países produtores como os consumidores. Aqueles preservam para si o conhecimento da tecnologia e transferem para os outros a possibilidade de instalarem unidades montadoras, articulando interesses de expansão de um lado e de modernização, de outro.

A era da informática chegou ao mundo lúdico por meio da adaptação de circuitos aos brinquedos. Brinquedos como *Genius*, *Merlin*, *Arthur* e *Percival* foram exemplos pioneiros dessa iniciativa.

É interessante observar, porém, que boa parte dos brinquedos eletrônicos lançados no Brasil não se deveu à produção de indústrias tradicionalmente vinculadas ao ramo. É o caso das máquinas de brincar ou de jogar nas casas diversões eletrônicas, que obtiveram amplo sucesso e ainda têm fervorosos adeptos em todas as classes sociais. Esses estabelecimentos se multiplicaram em todo o país e ficaram conhecidos pelo nome de fliperamas, designação de um dos brinquedos de que originalmente dispunham. Hoje elas se distribuem em grande número nas áreas centrais assim como nos bairros e na periferia das cidades brasileiras.

Outras indústrias também se aproveitaram da informática para ingressar no mercado do brinquedo: fabricantes de telefones celulares, computadores, calculadoras, relógios, aparelhos de som, eletrodomésticos, além, é claro, de jovens empresas, fundadas para aproveitar os bons ventos do consumo de brinquedos eletrônicos. Foram responsáveis pelo lançamento de pequenos jogos de bolso (acoplados à calculadoras, a relógios de pulso ou telefones celulares). Leves, minúsculos e movidos a bateria, esses jogos representam uma versão simplificada daqueles disponíveis nas casas de diversões eletrônicas. Todavia, o grande destaque e o grande astro dos brinquedos eletrônicos sempre foi o *videogame*.

O primeiro fabricado no Brasil, o *Odissey*, foi lançado em meados de 1983. *Videogame* é um sistema acoplável ao televisor, dotado de console e de controles manuais (*joystiks*). O sistema é alimentado por discos compactos (CDs), nos quais estão contidos os programas (*software*). Raramente são compatíveis entre si, o que equivale dizer que os jogos do *PlayStation* não são utilizáveis no *Nintendo*, e assim por diante.

Há locadoras de jogos, mas com elas apareceram também variadas formas de pirataria, desde a cópia e a reprodução clandestina de programas até a fabricação de consoles que procuram ser similares aos produtos originais.

O conteúdo dos CDs versa geralmente sobre as dificuldades que certa personagem tem de enfrentar. A trama envolve a luta de um herói para superar barreiras e enfrentar ataques dos inimigos. Ao jogador cabe manejar adequadamente a trajetória e estabelecer a estratégia de ação do herói para que ele evite golpes adversários e destrua seus contendores. A cada obstáculo superado ou inimigo abatido, somam-se pontos. Inversamente, a cada revés sofrido na ação contra os inimigos, há penalidades e punições, sendo a última delas a eliminação ou morte do jogador.

O jogo se desenvolve em etapas graduadas. Isso quer dizer que as dificuldades vão aumentando à medida que o herói faz valer seu potencial de defesa e de destruição, resistindo aos ataques e obstáculos, arrasando todos seus contendores. As ações contrárias passam então a se diversificar e a se suceder cada vez mais rapidamente. Vence o jogador que mais pontos obtiver, isto é, aquele que liquidou maior número de inimigos e que superou os obstáculos mais temíveis.

Com base nesse tipo de competição e com o auxílio de investimentos promocionais, as grandes indústrias de *videogames* organizam campeonatos. Dessas disputas surgem geralmente os recordistas em determinados jogos. A imagem de vencedores veiculada por esses "monstrinhos do *videogame*", como são costumeiramente tratados, e suas sempre renovadas proezas servem para reforçar o conceito do produto junto ao público consumidor. Com o auxílio dos computadores, os jogos podem ser travados por contendores de diferentes cidades, regiões ou países.

A receita utilizada pelos recordistas compõe-se de entrega total ao jogo, de esforço para decorar o trajeto a ser percorrido, quando isso é possível, do uso da racionalidade nas ações, evitando investidas pouco compensadoras e aproveitando-se das situações vantajosas para abrigo momentâneo do herói ou abastecimento da nave, conforme a circunstância.

Uma análise crítica de cada um desses ingredientes é capaz de revelar que as armadilhas expostas em muitos desses brinquedos eletrônicos não se restringem àquelas que aparecem visíveis na tela. A entrega total do jogo supõe a comprometimento integral do jogador às normas e regras preestabelecidas no programa, as quais ele tem previamente que assumir, sem discussão. Qualquer ação criativa fica submetida à lógica de funcionamento da máquina. É por meio de sua linguagem, e não da do jogador, que a ação se transcorre. Em alguns casos, como no futebol do *PlayStation*, há uma margem maior para criatividade dos contendores no modo de armar o time, na destreza em acionar os comandos para as evoluções e dribles dos jogadores na tela. Mas, mesmo assim, dentro de certos limites. Pois, para ser bem-sucedido, o jogador deve não só acatar as ordens do jogo, mas pautar até mesmo seus gestos em função da máquina. A ação não se desenvolve por uma atuação direta do jogador, mas sim, por meio de sua habilidade em manipular botões e controles do *joystik*. O jogador deve moldar-se a eles para dominar alguns macetes, como, por exemplo, o tempo e o grau de pressão a se exercer sobre o botão para os diferentes andamentos das figuras na tela, sem falar na rapidez de gestos, sucessivamente.

Adestrando-se de forma exemplar, será merecedor de prêmios, pontos e vitórias. Se não assimilá-las ou executá-las fora do estabelecido, será inferiorizado diante de seus adversários. Não somará pontos e será castigado com a derrota. Nesses jogos, não há tempo e espaço para diálogos, questionamentos e reflexões. As normas dos programas são ditadas pela máquina, dirigindo a ação humana. O jogador tem a sensação de comando das figuras na tela, quando, na verdade, muito do que vier a fazer subordina-se ao que está programado na máquina. Há uma ilusão de atividade que reduz o bom jogador ao bom imitador, àquele capaz de assimilar e reproduzir o mais rapidamente possível determinado número de ações. Reflexão, questionamento e criação são elementos incompatíveis com esse tipo de jogo.

A racionalidade nas ações ocorre ao se eleger o princípio do utilitarismo. Trata-se de concentrar maiores atenções aos inimigos que, uma vez abatidos, se traduzem em maior pontuação. Privilegia-se, então, um tipo de seletividade em que só os mais poderosos merecem consideração. Tudo aquilo que não se encaixar nessa categoria deve ser ignorado.

O aproveitamento de situações vantajosas significa que qualquer recurso, a ser usado como aliado do jogador, deve sempre render benefícios pessoais. O jogador precisa saber reconhecer os momentos em que é possível valer-se de tais recursos, instrumentalizando-os em seu favor ou de sua estratégia de ação. Na luta pela vitória, os meios justificam os fins; os fracos, quando não mais se mostram úteis, são descartados ou eliminados e o pragmatismo oportunista se encarrega de tudo justificar.

Seria importante que jovens e crianças, além de utilizarem estes brinquedos, parassem para refletir sobre os valores que trazem implícitos e sobre a real condição que os seres brincantes assumem diante da máquina. Por que deixar a ela a oportunidade de programar a brincadeira? Por qual razão se deve deixar as coisas à frente das pessoas?

A EDUCAÇÃO E O BRINQUEDO

"Eu te ofereço, Primavera,
a arvorezinha de brinquedo
em pátio escolar plantada
enquanto lá fora se ensina
como derrubar, como queimar,
como secar fontes de vida
para erigir a nova ordem
do Homem Artificial."

(Discurso de primavera e algumas sombras
– Carlos Drummond de Andrade)

Em cada brinquedo sempre se esconde uma relação educativa. No caso do brinquedo artesanal, a feitura do próprio brinquedo já é um brincar. Nesta prática, além disso, crianças e adultos aprendem a trabalhar e a transformar elementos fornecidos pela natureza ou materiais já elaborados, constituindo novas criações, instrumentos para muitas brincadeiras. Em outras vezes, particularmente no que tange às crianças, elas brincam recriando sentidos para objetos já existentes, aproveitando artigos nem de longe concebidos como brinquedo para adaptá-los às suas experiências lúdicas. O cabo de vassoura, por exemplo, pode ser cavalinho de pau, virar uma lança ou então uma espada e tudo mais que a fantasia infantil quiser.

Mesmo quando a criança recebe um brinquedo pronto, nem sempre se conforma com o seu significado explícito e, por assim dizer, acabado. O trem vira carrinho e anda perfeitamente fora dos trilhos. Um boneco como *Falcon*, originalmente guerreiro, inesperadamente pode receber uma chupeta ou trajes femininos. A boneca e o ursinho tornam-se seres animados, com quem se conversa, come, dorme e passeia junto.

Assim, a criança quando brinca elabora seu mundo e muitas vezes se expressa singularmente, criando ou recriando novos brinquedos e, com eles, participando de novas experiências e aquisições. No convívio com outras crianças, trava contato com a sociabilidade, ensaia movimentos do corpo, experimenta novas sensações.

Mesmo que, ao brincar, algumas vezes simplesmente façam como os adultos e utilizem os brinquedos nas suas funções aparentes e estritas, nem por isso deixa de haver uma relação educativa. Nesses momentos, prevalece a mensagem fechada, preparada pelos que os conceberam para que as crianças reiterem e reproduzam funções, gestos e modos de ser socialmente consagrados. Predomina a relação de verticalidade, na qual está implícita a suposição de que a criança tem que receber ideias e conhecimentos já previamente preparados por ser incapaz de produzi-las por si mesma. Também aí existe uma determinada relação educativa, uma dada maneira de se entender a educação.

Curiosamente, o brinquedo chamado educativo não deixa de ser, ao menos em parte, prisioneiro dessa armadilha. Nasce com uma denominação adjetivada, que de forma explícita ou implícita destitui os demais brinquedos como agentes educativos, reservando unicamente para si a competência pedagógica. Ampara-se na ciência, que é convocada para fundamentar com seriedade a transmissão de conhecimento nas relações entre as crianças brincando.

O BRINQUEDO EDUCATIVO

Também designado por evolutivo, criativo ou inteligente, o brinquedo educativo se apresenta como agente de transmissão metódica de conhecimentos e habilidades que, antes de seu surgimento, não eram veiculados às crianças pelos brinquedos. Representa, portanto, uma forma de intervenção deliberada no lazer infantil com o objetivo de oferecer conteúdo pedagógico ao entretenimento da criança. Pode-se deduzir daí ao menos três pressupostos: o de que a diversão, pura e simplesmente, é algo restrito, inconsequente, e precisaria ser aprimorada com um conteúdo que ensinasse alguma coisa; o de que, nas outras formas de brincar ou inexiste chance de os sujeitos crescerem e se aprimorarem ou são muito tênues as oportunidades; além disso, não se enxerga a possibilidade de as crianças, juntamente com seus pares, descobrirem formas culturalmente expressivas em seu brincar. No seu nascedouro, os brinquedos educativos tratam, então, de imprimir à situação de brinquedo, vista como algo gratuito e sem finalidade imediata, um determinado tipo de aprendizado, do qual o uso do brinquedo educativo seria portador. Note-se que é a ele, objeto, que se formula a adjetivação. Por que seriam os brinquedos educativos se a inteligência não está nos objetos, mas nas pessoas?

No brinquedo educativo, a pedagogia aparece justaposta ao lúdico. Brincar passa a ser visto também como algo sério, consequente, no sentido de que agora sim há uma mensagem nos brinquedos e as crianças devem aprendê-la. Não se considera o brinquedo apenas como instrumento que as crianças utilizam para se divertir e ocupar seu tempo, mas como um objeto capaz de educá-las e torná-las felizes, ao mesmo tempo. Ao que tudo parece indicar, o brinquedo educativo veio para acabar com a brincadeira, isto é, para abolir a gratuidade ou mesmo a inutilidade, que muitos enxergam nas atividades lúdicas infantis.

Deste modo, o brinquedo educativo presta serviço tanto para os pais, que com eles presenteiam seus filhos, como também para a indústria de brinquedos. Os pais, por desejarem atribuir um sentido pedagógico a uma atividade que supõem fútil; os industriais, por sua sensibilidade em não restringir suas mercadorias a produtos vulgares, de consumo fácil, mantendo em sua produção artigos com ideias e apelos chancelados por um estatuto científico. Mas fica também a dúvida, até que ponto isso efetivamente se realiza?

A IDEIA DE EDUCAÇÃO NOS BRINQUEDOS EDUCATIVOS

Na concepção dos brinquedos educativos estão presentes ao menos dois tipos de orientação. Uma delas refere-se ao fato de a criança possuir consciência latente, mas adormecida, cabendo ao brinquedo educativo a função de despertá-la. Outra supõe a criança como alguém que ignora a si mesma porque não tem condições de compreender-se sozinha. A função do brinquedo educativo seria, então, levar a criança a adquirir uma consciência verdadeira de si mesma.

Num e noutro caso prevalece um modelo de educação vertical, que diminui a pessoa e supervaloriza o objeto. Nelas, o saber vem sempre de fora. Os adultos criam objetos especiais, inteligentes, capazes de transmitir qualidades aos que não as possuem, isto é, às crianças. Seja porque tudo nelas está adormecido, seja porque – como crianças – se mostram inabilitadas.

Para justificar essa verticalidade, recorre-se à ciência. Não são os industriais ou os pais que afirmam a qualidade dos brinquedos educativos, mas a ciência. Os produtores procuram se valer, então, de certas teorias pedagógicas e psicológicas para obter respaldo científico, sinônimo de competência e de seriedade.

Esse mecanismo todo se assenta na suposição de que as crianças deverão receber o brinquedo educativo e dele extrair exatamente as mesmas mensagens e idênticos conteúdos que seus idealizadores lhes prepararam. Qualquer outro sentido, que as crianças porventura lhe atribuíssem, viria certamente estragar as coisas. Afinal de contas, todo o sistema educativo se comprometeria, pois se baseia num tipo de educação exclusivamente vertical e unidirecional de transmissão de conhecimento. Às crianças cabe tão somente consumir e assimilar. Chega a ser espantoso verificar que justo o brinquedo que é chamado educativo, ao desempenhar seu papel, seja pouco permeável a diálogos e questionamentos e traga uma mensagem fechada, previamente organizada. É esta a educação que pretende veicular?

Em defesa desses brinquedos, argumenta-se que o desenvolvimento infantil se faz por sucessão de fases, nas quais, de acordo com a idade física e mental da criança, predominam determinadas características. Em nome dessa ideia, que foi de fato desenvolvida por diferentes teorias psicológicas, os criadores e difusores do brinquedo educativo procuram orientar os pais acerca de qual brinquedo é mais indicado para cada idade infantil. É importante frisar que as teorias têm inegável valor, com reconhecimento universal e, portanto, não se trata aqui de subestimá-las. Mas, seria importante indagar que uso é feito delas? Qual o entendimento que delas geralmente se tem? As dúvidas dos pais encontram reais encaminhamentos de solução?

Geralmente, lojas e indústrias organizam um quadro, correlacionado idade física da criança e os brinquedos mais adequados a ela, indicando as funções que desempenham. O produto final é uma espécie de receituário em que as fases de desenvolvimento infantil são substituídas pela faixa etária; além disso, o desenvolvimento da criança é muitas vezes representado por uma curva evolutiva, progressiva e linear. Até que ponto, entretanto, as fases do desenvolvimento infantil se sucedem mecanicamente? E as peculiaridades históricas e regionais, como ficam? Interpretações subordinadas a interesses comerciais acabam empobrecendo as descobertas de teorias psicológicas e pedagógicas, retirando a própria singularidade das relações entre crianças e adultos. Os esquemas veiculados na comercialização dos brinquedos educativos referem-se abstratamente à criança, sem localizá-la no tempo, no espaço, e nas relações sociais em que vive.

O brinquedo educativo, ao não comportar modificações de sentido, prática comum nas brincadeiras infantis, oculta o fato de que a relação educativa não se limita à relação unilateral e harmoniosa de um sujeito para outro, mas que aqui é transformado unicamente em objeto. Qualquer mãe ou pai que tenha oferecido brinquedos a seus filhos sabe reconhecer que o simples gesto de presentear pode comportar vários tipos de tensão. Um deles decorre dos conflitos entre a opção dos pais por um dado tipo de brinquedo e as aspirações dos filhos, nem sempre coincidentes. Outro se verifica quando a criança se recusa a ver no brinquedo (e, portanto, na oferta dos pais) seu significado óbvio e procura transformá-lo a seu modo.

Justamente essa capacidade da criança em recriar significados acaba pondo em xeque o brinquedo educativo, cujo recado pedagógico já está previsto, predeterminado. Atribui-se a móbiles, jogos de memória, cubos, jogos de encaixe, brinquedos de montar, estruturas com pinos coloridos e a tantos outros brinquedos educativos as qualidades de favorecer o desenvolvimento dos estímulos táteis, visuais e auditivos, assim como da coordenação motora e da motricidade. Sem desmerecer essa possibilidade, seria legítimo também indagar se tais predicados somente podem ser encontráveis nos brinquedos educativos. Os demais não cumprem essas atribuições? Além disso, será mesmo que as crianças são mais sensíveis aos pedagógicos do que a outros brinquedos? Ou é precisamente o inverso que ocorre?

Sempre que o brinquedo educativo tiver de se valer do poder intervencionista dos adultos, a decidir sobre sua composição e sua aquisição, mais difícil será o envolvimento da criança. A adesão é ponto extremamente significativo, pois, não existindo da parte da criança, nem haverá brincadeira prazerosa e tampouco educação.

Parece importante reconsiderar, então, que todo brinquedo é educativo no sentido de que sempre há, em qualquer brinquedo, um conjunto de mensagens implícitas ou explícitas, a serem assimiladas ou transformadas – total ou parcialmente – pelas crianças. Contudo, os brinquedos parecem revelar a plenitude de suas potencialidades educativas na medida em que forem capazes de instigar nas crianças curiosidade e mistério, para que se sintam entretidas e instadas a criar e recriar formas expressivas, sem abdicar de se divertirem a todo tempo. Não são os brinquedos, mas as crianças é que são inteligentes.

A QUESTÃO DOS BRINQUEDOS BÉLICOS

A mesma força que certos setores da sociedade utilizam para defender o brinquedo educativo é usada na condenação sumária do brinquedo bélico. Pesa sobre ele a acusação de contaminar o desenvolvimento infantil com as sementes da violência. Incriminações mais leves falam da disseminação da agressividade entre as crianças, promovendo o uso da força, e as mais pesadas mencionam o brinquedo bélico como uma das causas do aumento da criminalidade e da violência. Argumenta-se que eles disseminam desde cedo a banalização do uso de armas, sem medir as consequências sociais. Some-se a essas ideias o fato de que diferentes crimes têm sido praticados com o uso de armas de brinquedo, cuja semelhança com as originais chega a ser espantosa.

Brinquedos que imitam armas estão proibidos de serem fabricados no Brasil desde 2003, com o Estatuto do Desarmamento (Lei nº 10.826) que, em seu artigo 26 declara "vedadas a fabricação, a venda, a comercialização e a importação de brinquedos, réplicas e simulacros de armas de fogo, que com estas se possam confundir."

As restrições aos brinquedos de armas não é algo recente. Toda a gama dos chamados brinquedos bélicos já mereceu crítica oficial do Vaticano e, antes que o Estatuto fosse promulgado no Brasil, inúmeras iniciativas foram levadas a efeito com o objetivo de desestimular ou proibir esses brinquedos. Puxando pela memória, não é difícil lembrar-se de diversas campanhas para que as crianças trocassem suas armas de brinquedo por outros instrumentos lúdicos ou por livros. Algumas procuraram gerar um efeito simbólico maior, estimulando as crianças a atirarem seus próprios brinquedos bélicos em uma fogueira ou a trocá-los por um livro, por exemplo. Ocorreram, além disso, diferentes campanhas publicitárias, como a veiculada nos anos 1950, em coletivos, cujo lema era: "Hoje mocinho, amanhã bandido". Foram também numerosas as tentativas de se elaborar e aprovar projetos de lei destinados a proibir a fabricação de brinquedos que reproduzam armas ou quaisquer outros artefatos que pudessem se associar à exaltação da violência. Não há como pôr em dúvida a boa-fé dessas e de outras manifestações. Todavia, convém ir mais fundo nesse tipo de reflexão.

Poderia a violência social ser resolvida por meio de um decreto? Seria a arma de brinquedo a grande culpada pelos altos índices de criminalidade que assombram nosso dia a dia? Ou, em outro ângulo da questão, quantos de nós nos divertimos na infância com revólveres, metralhadoras, pistolas e outros? Quantas vezes não matamos nossos amigos ou fomos mortos por eles? Viramos assaltantes? Criminosos violentos? Somos seres perigosamente bárbaros para a sociedade?

No Brasil, o desemprego atinge milhões de pessoas, a desigualdade social se expressa em graves problemas de educação, saúde, alimentação, trabalho, lazer. Ademais, a corrupção, os escândalos financeiros e a impunidade dos responsáveis, em muitos casos tendo pessoas influentes reconhecidamente envolvidas, reforçam mecanismos reprodutores de injustiça e de descrédito pela população. Seria isso outra coisa senão violência? A violência, infelizmente, parece estar interiorizada na própria organização da sociedade.

Querer colocar o brinquedo como causa da violência é tentar ocultar muitas outras raízes dessa violência. Suas manifestações veladas e explícitas não são encontráveis na caixa de brinquedo, mas nas próprias mazelas da sociedade. Antes da crítica ao brinquedo bélico, os grupos inconformados e empenhados na luta pela democracia e pela justiça têm um compromisso maior e mais difícil pela frente: contribuir para a transformação das relações que regem a sociedade, zelar pela justiça e ser infatigável na luta contra a impunidade. Não é tarefa fácil nem para se realizar em pouco tempo.

Entretanto, é inquietante o fato de que as acusações ao brinquedo bélico alcancem elevada ressonância social e tenham encontrado apoio por parte de diferentes forças sociais. Atitudes do gênero se assentam num tipo de compreensão apressada do significado do brinquedo para a criança. Entende-se o brinquedo como se fosse uma reprodução, em escala reduzida, dos objetos materiais e seres viventes encontrados no universo societário. Supõe-se, em razão disso, que a criança não teria outro caminho a não ser aceitar as funções e as representações sociais que lhe são, minusculamente, apresentadas no brinquedo. Significa admitir que, diante do brinquedo, a criança – por recebê-lo pronto – não pode ir além da aparência do objeto e dos condicionamentos que ele sugere. A boneca é, para a menina, treino para futura condição de mãe e dona de casa, da mesma forma como comandar o carrinho representa, para o menino, o trabalho fora de casa e a condição de arrimo de família.

Nessa perspectiva, em que adultos revelam sua estreiteza de imaginação, minimizando as possibilidades de fantasia nas crianças, não há como esperar outro tipo de entendimento do brinquedo bélico, senão em função daquilo que obviamente significa na percepção estereotipada. Revólver, espingarda, metralhadora, pistola, rifle, tanque de guerra, avião-caça, porta-aviões, submarino, arco e flecha, espada, lança e outros brinquedos do tipo bélico são tidos como sinônimos de morte, crime, agressividade e violência. Seguindo essa linha de raciocínio, chega mesmo a ser suspeito que o estilingue não figure na linha dos excomungados.

Àqueles que são adversários extremos dos brinquedos chamados bélicos, conviria lembrar que não existem estudos confiáveis que evidenciem a correlação entre uso de armas de brinquedo e violência. A difusão da violência não se origina no brinquedo de arma, mas na precária formação dos indivíduos. Conviria prestar atenção a um relato feito por um dos grandes teóricos da psicanálise, Wilhelm Reich, ao procurar compreender melhor as reações infantis diante de tais brinquedos. Conta ele que uma turma de meninos, cuja idade variava entre 6 a 10 anos, estava brincando de soldado. Arma era o que não faltava: havia muitas de um lado e de outro. Reich notou quando um dos meninos fez mira e disparou um fuzil na direção de seus companheiros. Neste momento, dirigiu-se até ele e fez a clássica pergunta:

> Você está querendo matar seus amiguinhos?
> Matar? – respondeu espantado o menino.
> Claro! – disse Reich, prosseguindo na lógica comumente aceita. – Disparando o fuzil, você mata todos os outros.

> Mas, eu não quero matar – retrucou o menino.
> E por que, então, você anda para todo lado com a arma na mão? – insistiu Reich.
> Porque é bonita, grande.

Nesse tipo de brinquedo, a criança pode até exteriorizar sua agressividade, mas isso ocorre numa outra dimensão do real, ou seja, na esfera simbólica. Assim, a criança pode disparar e desferir golpes sem que haja tiros ou golpes para valer. É muito comum, numa brincadeira de criança, ouvir frases do tipo: "Pronto, eu já morri. Agora é minha vez de te matar".

Tudo para lembrar, a exemplo do que Reich e outros já o fizeram, que a arma de brinquedo representa para a criança não o desejo de matar, mas o prazer do movimento, a beleza plástica dos equipamentos, o jogo de efeitos, a variedade dos gestos e muitas outras aventuras, em que a estrela principal não é a violência, mas sim a fantasia.

> Uma tarde vimos um oficial inimigo, montado num fogoso cabo de vassoura, aproximar-se de nosso forte a todo galope. (...) Lembro-me duma "carga de baionetas" que, meio a contragosto, tive de comandar de espada de pau em punho.
>
> (*Solo de clarineta* – Érico Veríssimo)

O BRINQUEDO, A CRIAÇÃO E A IMAGINAÇÃO

> "Nana, nana
> Breve a guerra acaba.
> Solta esse brinquedo
> Bobo, e apanha a lua,
> Que é o melhor brinquedo."
>
> (*Acalanto* – Manuel Bandeira)

A riqueza do brincar decorre da capacidade de estimular a imaginação infantil. E não, como muitos acreditam, da possibilidade de imitação de gestos, informações, atitudes e crenças veiculadas pelos brinquedos.

Não se trata, portanto, de eleger um modelo ideal a ser perseguido na formação infantil. A princípio, julgou-se que esse modelo deveria vir dos pais. Anos adiante, essa atribuição passou a ser recomendável também aos professores. Mais tarde, ela se estendeu igualmente aos heróis do cinema, das histórias em quadrinhos, da televisão e, como não poderia deixar de ser, aos heróis dos brinquedos. Em conjunto, ou em separado, deles se espera uma atitude capaz de atrair, sensibilizar e cativar as crianças.

Pode-se admitir que aqueles que se colocam como interlocutores da criança na descoberta de novas experiências, até então abafadas, têm efetivamente um papel significativo a cumprir. Todavia, se o objetivo final restringir-se unicamente à imitação, deixam de ser interlocutores (se é que, de fato, se propuseram a tanto) para serem gerentes de normas, práticas e valores.

A imitação, quando considerada como meta, representa um sinal de conformismo e de estagnação. Supõe que as crianças devem assimilar por meio dos brinquedos a reprodução da sociedade, adestrando-se assim para a geração do amanhã. A atração exercida por um ídolo qualquer, seja ele um super-herói do cinema, das revistas, da tevê ou do brinquedo, é usada não só como fator de reverência aos seus feitos, mas como modelo a ser imitado.

Essa manipulação, que se oferece a todas as classes sociais, envolve também as diferentes faixas etárias. É certo que influencia o comportamento de todos, o que não significa que seja assimilada passivamente. Se a criança não pôde participar do processo de criação dos objetos que irão entretê-la e se muitos desses objetos dificultam a possibilidade de interferência infantil no andamento da trama da brincadeira (caso, por exemplo, dos brinquedos eletrônicos), nem por isso ela perde ou anula sua capacidade de recriar simbolicamente os objetos do seu brincar.

A CRIATIVIDADE E O LIXO DA HISTÓRIA

De uns anos para cá, floresceu enorme entusiasmo em torno da ideia de criatividade. Chegou-se a atribuir ao brasileiro a capacidade de ser extremamente criativo, a ponto de poder compensar as deficiências de sua formação com o uso da criatividade. Tornou-se comum, também, a exaltação do brinquedo feito com sucata. E da criatividade infantil em fazer sua "história a partir do lixo da história", usando uma expressão de Walter Benjamin.

Dadas as condições sociais precárias em que vive boa parte da população e tendo por baliza as questões de natureza ambiental, não deixa de ser importante procurar extrair daquilo que foi considerado sobra, ou mesmo resto de outros materiais disponíveis, a matéria-prima para realização ou confecção do brinquedo. A questão é: como fazê-lo? Como as crianças podem se apropriar do conhecimento e dos meios necessários a transformar em brinquedo diferentes tipos de materiais? Aí entra a criatividade. Graças a ela, pais e professores são capazes de enumerar vários exemplos de crianças que transformaram latas usadas, jornais e revistas velhos, tampinhas de cerveja e refrigerante, copos plásticos descartáveis, pedaços de madeira ou refugos de uma indústria qualquer em brinquedos inusitados. Casos verídicos é que não faltam de gente que fez verdadeiras proezas.

Nada há que se possa disso duvidar. Tampouco menosprezar tal tipo de atividade. O que se pode é questionar o uso e o abuso da prática de fazer brinquedos com sucata, associando uma simples atividade com criatividade.

Em primeiro lugar, a ideia de reaproveitamento de material usado ou de material refugado pela indústria se torna sugestiva não pela ideia em si, mas principalmente se estiver relacionada com um problema real de dificuldade na obtenção do material para confecção de brinquedos. Mais ainda: deve subordinar-se a uma proposta educativa de trabalho com um determinado tipo de material, sobre o qual serão discutidos fundamentos, propriedades, qualidades, técnicas de transformação, de acabamento etc. Enfim, não é o material que define o programa, mas é a proposta educativa de trabalho, utilizando um certo material, que deve determinar quais os seus equivalentes, na falta ou na impossibilidade de se ter a matéria-prima desejada. Por exemplo, quando num curso de confecção de brinquedos em madeira não se pode obter o material bruto, talvez seja possível recorrer a compensados, cedidos como sucata por uma serraria.

Desse modo, procura-se evitar a utilização simplória da criatividade como justificativa da banalização ou da ingenuidade com que muitas escolas conduzem cursos de atividades manuais no Brasil. Está claro que a culpa não deve recair exclusivamente no professor, que também foi formado dentro de uma proposta educacional discriminadora da inteireza das relações entre o ser e o fazer.

Por outro lado, como pode haver criatividade sem que os alunos travem um contato com a matéria com a qual vão trabalhar (barro, madeira, papel etc.), conhecendo-a intimamente, para depois se assenhorearem das técnicas e dos instrumentos utilizados em sua transformação?

Tanto do lado do professor quanto do lado dos alunos, a criatividade tem sido muitas vezes utilizada como guardiã mágica, supondo-a poderosa a ponto de passar por cima dos problemas que envolvem a escola. Ou então como instrumento capaz de alimentar esperanças artísticas em ensaios banalizadores e simplistas da produção cultural.

O BRINQUEDO E A CRIATIVIDADE

Há várias possibilidades de entendimento da criatividade. Existem explicações que valorizam a pessoa que cria; outras enfatizam o processo criador; há as que conferem destaque ao produto acabado e há também aquelas que privilegiam os aspectos ambientais que interferem no processo criador. Importa perceber que não se trata de perspectivas estanques, que necessariamente se excluam entre si.

Sinteticamente, essa multiplicidade de caminhos e conceitos pode ser distribuída em três orientações básicas, conforme as premissas que as fundamentam.

A primeira delas é aquela que define a criatividade como um dom. Nesta perspectiva, poucas pessoas têm jeito ou aptidão para criar. Sendo a criatividade uma dádiva de nascença, ela é necessariamente restrita a determinadas pessoas, as que têm mãos de ouro. Trata-se de uma orientação afinada com o tom elitista por estabelecer uma seleção, distinguindo os que podem criar e discriminando todos os demais que, supostamente, não levam jeito para a coisa.

Tal interpretação aparece quando, por exemplo, um professor se dirige aos alunos para ensinar-lhes a fazer determinados brinquedos artesanalmente, usando a fórmula: "Eu crio, vocês copiam". A cada gesto, a cada operação e a cada instante, os alunos são levados a seguir rigorosamente as prescrições ditadas pelo mestre. E, no final, a avaliação será feita em razão da maior ou menor fidelidade ao modelo.

Ela pode aparecer, também, quando os pais resolvem determinar quais brinquedos industrializados irão comprar para seus filhos, sem fazer nenhum tipo de consulta a eles. De forma arbitrária, atribuem às crianças a incapacidade de discernir sobre o que querem e sobre o que é bom para elas. Num e noutro caso, reconhece-se a existência de diferenças entre professores e alunos, de um lado, e entre pais e filhos, de outro. Supõe-se, entretanto, que elas não podem ser diminuídas ou superadas. Inibe-se a possibilidade de expressão das crianças por ação verticalizada explícita.

Uma segunda forma de interpretação da criatividade coloca-se no extremo oposto da perspectiva anterior. Assumindo postura aparentemente aberta, nega que a criatividade seja uma qualidade intrínseca de uns poucos bem-dotados. Ao contrário, entende o exercício da criatividade como prática passível e possível de ser realizada por todos. Alguns de seus defensores no Brasil sustentam não apenas esse aspecto, mas também que a criatividade estaria alojada no próprio caráter do brasileiro, o que – entre outras coisas – explicaria o nosso famoso jeitinho.

O que é brinquedo 61

É um posicionamento que pode ser depreendido em situações nas quais, por exemplo, um professor de atividades artísticas procura comportar-se como um colega de classe de seus alunos. Sua proposta básica se resume em solicitar aos alunos que façam o brinquedo que bem quiserem porque, argumenta ele, o professor não deve impor nada. Do mesmo modo, uma atitude análoga pode ser percebida em pais que afirmam: "Dou a meu filho os brinquedos (industrializados) que não pude ter na infância". Em ambos os casos, deixa-se de reconhecer as diferenças entre alunos e professores e entre filhos e pais em nome da pretensa liberdade para se criar à vontade, de um lado, e do altruísmo e da generosidade de outro.

Sob a aparência de um clima de abertura e de liberdade, reina de fato a ilusão, tanto de participação quanto de liberdade de criação cultural. Quando um pai, por exemplo, ainda que movido por boas intenções, presenteia seus filhos com brinquedos eletrônicos para que, assim, eles possam exercer sua criatividade, ajustando-a aos novos tempos da informática, acaba reforçando essa ilusão. O brinquedo eletrônico é um produto por vezes simplificado dessa nova tecnologia. Transmite a seus possuidores a ilusão de domínio das criações mais avançadas (por exemplo: veículos controlados a distância), mas tanto pais quanto filhos permanecem, de fato, desconhecendo os fundamentos dessa forma de emitir sinais sem fios. Têm apenas a ilusão de viver plenamente adaptados a ela pelo consumo dito criativo de produtos modernos. A posse do objeto-brinquedo vem minimizar o mal-estar ou a defasagem cultural causada pelo desconhecimento. Do mesmo modo, o professor, ao dar liberdade e abolir imposições, acaba rejeitando a figura do mestre soberano, dono do saber, mas também abdica de sua atuação educativa, que não é feita de imposições e, ou de concessões absurdas, eximindo-se de defender uma proposta educativa. São posturas que se inspiram muito mais no desejo de estabelecer um comportamento sedutor em relação aos alunos e passar por uma pessoa admirável, mesmo que para tanto se tenha que dissimular a ausência de um projeto educativo realmente democrático. Pais e professores bloqueiam, então, as possibilidades de expressão da criança, exercendo uma dominação tão ou mais autoritária que a primeira, por esconder-se nas teias traiçoeiras da manipulação.

A terceira perspectiva questiona as outras duas e propõe outro encaminhamento. A criatividade não é dom de um determinado número de privilegiados bem-nascidos e não é prática que necessariamente ocorre quando se dá liberdade. A criatividade supõe trabalho. Um ator criativo, conforme se diz, é resultado de um processo que envolve 90% de transpiração e 10% de inspiração. Ao professor cabe organizar uma proposta educacional em que se coloque um mediador entre os alunos e a cultura. O mesmo poderia ser dito dos pais em relação aos filhos. Nesse projeto, os diálogos não são um objetivo em si mesmo e não devem limitar-se a colocações entre pais e filhos ou entre alunos e professores. O diálogo do aluno (ou do filho) é, como diz Marilena Chauí, "um diálogo com o pensamento, com a cultura corporificada nas obras e nas práticas sociais e transmitidas pela linguagem e pelos gestos do professor, simples mediador". O fato de pais e professores se colocarem na condição de mediadores e não na de senhores, recusando-se também a assumir a condição manipuladora de ser "um colega a mais", é um procedimento aberto e democrático. Reconhece as diferenças, porém delas não se valem para impor o seu ponto de vista ou para estabelecer um falso diálogo, disfarce do autoritarismo mistificado em abertura. Pais e professores não se eximem, assim, do seu compromisso e do seu projeto democráticos em relação à educação. A criatividade resulta, então, no processo de produção de algo novo, conscientemente novo, por meio do trabalho realizado por agentes atuantes na cultura, a partir de elementos preexistentes numa dada realidade. No trabalho criativo, pessoas determinadas expressam-se por completo no seu fazer, na sua obra, e o fazem de modo singular.

IMAGINAÇÃO E RECRIAÇÃO DO BRINQUEDO

"Meus olhos eram mesmo água
— te juro —
mexendo um brilho vidrado
verde-claro, verde-escuro.
Fiz barquinhos de brinquedo,
— te juro —
fui botando todos eles
naquele rio tão puro"

(*Viagem* – Cecília Meireles)

O exercício da criatividade não se limita à criação, pura e simplesmente, mas também se refere à recriação do significado do brinquedo. O brinquedo industrializado, por exemplo, faz parte do imaginário social porque é uma das formas pelas quais a sociedade se representa a si mesma. Ocorre que, não sendo a sociedade homogênea, a existência de diferentes classes sociais não só indica relações de tensão, mas de contradição social. O brinquedo industrializado é uma mercadoria criada para formar nas crianças modos de agir e de pensar correspondentes aos dos setores mais influentes setores da sociedade. Contudo, se uma determinada maneira de representar a sociedade consegue se sobrepor às demais, por força de exercício da dominação, seja ele dissimulado ou explícito, isso não significa que grupos sociais distintos reproduzam e reiterem essa interpretação. O quadro se torna ainda mais complexo quando entram em cena grupos etários diferentes.

O imaginário social não é algo solto no ar, pairando sobre as consciências das pessoas. É socialmente construído e faz parte do real. Não se trata, portanto, de opor o real ao imaginário, pois um e outro são faces de uma mesma moeda. O brinquedo torna-se, assim, elemento importante na compreensão do imaginário uma vez que, por meio dele, pode-se questionar não só as tensões das relações entre as classes sociais, mas também as das relações entre o imaginário adulto e o infantil.

Ao contrário do que se dá com os adultos, as crianças não procuram no brinquedo uma forma de fugir de seus problemas. Desejam, sim, explorar e conhecer melhor o real, criando-o ou recriando-o à sua maneira. Assim, o uso e o sentido que atribuem ao brinquedo nem sempre é aquilo que as aparências sugerem; o brinquedo, ao se realizar, só ocasionalmente fica no âmbito daquilo que está explícito, como é comum ocorrer quando adultos estão brincando. No brinquedo, o modo de pensar e agir da criança frequentemente se distingue do dos adultos. Um exemplo disso ocorre quando as crianças deixam de lado brinquedos mais caros e sofisticados e se apegam a outros bem simples, para os quais o mundo adulto não reserva valor algum. Nesses, porém, as crianças encontram uma matéria fértil para sua fabulação.

> Meus brinquedos...
> Coquilhos de palmeira.
> Bonecas de pano.
> Caquinhos de louça.
> Cavalinhos de forquilha.
> Viagens insondáveis...
> Meu mundo imaginário
> mesclado à realidade
>
> (*Poemas dos becos de Goiás e estórias mais* – Cora Coralina)

O exercício da fantasia é, para a criança, uma possibilidade de liberação para que seus desejos se manifestem e se realizem. É uma prática que se torna ainda mais importante porque permite às crianças se expressarem por meio de um processo fluente, natural e infinito. Essa capacidade de inventiva é maior nas crianças por sua sensibilidade diante das coisas que povoam o mundo. As cores, os movimentos, o vento, os sons, os animais, as flores, as folhagens, as formas, o fogo, a água, a terra, a areia, as nuvens, o sol, o céu, as estrelas, a lua e outros tantos elementos representam para elas um mundo imenso, infinito na surpresa e nas promessas. Cada um deles é capaz de suscitar longos momentos de contemplação e êxtase.

Aos poucos, porém, à medida que as crianças vão crescendo e que a sociedade vai conseguindo imprimir suas marcas, geralmente áridas, limitadas, realistas diriam alguns, muito se perde da sensibilidade e da riqueza expressiva. Os sentidos atrofiam-se, são abafados pelos diferentes embates e ajustes sociais e, com eles, inibe-se a imaginação. Eis a razão pela qual o pintor Henry Matisse um dia defendeu que "é preciso olhar a vida inteira com os olhos de criança".

Os brinquedos se revelam extremamente importantes nesse processo, já que permitem um espaço em que as crianças podem resistir a essa tentativa de mutilação social dos sentidos. Eis aí, escondida, uma das manifestações mais cruéis da socialização quando não dialogada e trabalhada em suas múltiplas diferenças. Todavia, ao criar o brinquedo do seu entretenimento ou ao atribuir novas significações ao brinquedo que recebe pronto, a criança nega as rédeas e as prisões que lhe reservaram. E se renova, liberando seus sentidos em todos os sentidos.

> Sendo assim, homens e mulheres dispostos a brincar (no sentido puro da palavra), vamos deixar de ser hipócritas e confessar que a sedução maior dos brinquedos é essa mesmo, é serem brinquedos e condizerem com eterna criança e sua vida ativa.
>
> (*Vamos brincar* – Carlos Drummond de Andrade)

Afinal, como ressaltou Antonio Houaiss, "no fundo da lúgubre trama de uma vida exuberante de poder e macérrima de afeto, havia, no cidadão Kane um brinquedo abandonado". Por mais que tivesse se enrijecido aquela personagem clássica do filme de Orson Welles, nunca se apartou de sua memória o velho trenó, que tantas alegrias havia lhe proporcionado na infância. Tudo para mostrar que os momentos vividos com os brinquedos ora revelam ora escondem instantes inesquecíveis de magia e de inesgotável encanto.

INDICAÇÕES PARA LEITURA

O brinquedo tem sido estudado por psicólogos, sociólogos, arquitetos, folcloristas, pedagogos, além de ser matéria de diálogo, nem sempre suave, entre pais e filhos. Uma referência clássica para entender o brinquedo em sua dimensão cultural entre as crianças é o livro de Florestan Fernandes, *Folclore e mudança social na cidade de São Paulo* (Ed. Vozes). Importantes balizas estão nos trabalhos de Walter Benjamin, *Reflexões: a criança, o brinquedo e a educação* (Ed. Summus) e de Gilles Brougère, *Brinquedo e cultura* (Ed. Cortez).

No livro de J. C. Arfouilloux, *A entrevista com a criança* (Ed. Zahar) existe interessante capítulo destinado aos brinquedos, assim como há em *Mitologias*, de Roland Barthes (Ed. Difel). Reflexões oportunas estão em Wilhelm Reich, *Materia-*

lismo dialectico y psicoanálisis, (Ed. Siglo XXI). Na obra *Vidas compartilhadas*, de minha autoria, há trechos e depoimentos, refletindo sobre brinquedos e brincadeiras desenvolvidas em conjunto por avós e netos, nas classes populares.

Na intersecção entre o jogo e o brinquedo, gostaria de mencionar o renomado trabalho de Arminda Aberastury, *A criança e seus jogos* (Ed. Vozes). E, no Brasil, os textos de Edda Bomtempo, *Psicologia do brinquedo* (Ed. N. Stela) e de Lino de Macedo, Ana Lúcia Sícoli Petty e Norimar Christe Passos, *Os jogos e o lúdico na aprendizagem escolar* (Ed. Artmed), especialmente o capítulo referente ao pega-varetas no processo de aprendizagem. No campo da pedagogia, a coletânea organizada por Tizuko Morchida Kishimoto, *Jogo, brinquedo, brincadeira, brincadeira e educação* (Ed. Cortez) traz também capítulos sobre o brinquedo.

Gostaria de mencionar, também, artigos que, embora não versem sobre o brinquedo propriamente dito, e sim sobre trabalho manual, são fontes preciosas de estudo: "Os trabalhos da mão", de Alfredo Bosi, em *O ser e o tempo da poesia* (Ed. Companhia das Letras) e "O trabalho manual: uma leitura de Gandhi", de Ecléa Bosi, em *O tempo vivo da memória* (Ed. Ateliê). Além destes, seria oportuno ler o artigo *Educação e ideologia*, de Marilena Chauí, publicado na revista *Educação e Sociedade*, em janeiro de 1980.

SOBRE O AUTOR

Sou filho de Aldo Salles Oliveira e Cecília Rodrigues de Salles Oliveira, ambos já falecidos. Ele foi ferroviário e ela, professora e dona de casa. Nasci em São Paulo, Capital, e desde os três anos de idade moro na mesma rua do bairro da Lapa. Fiz o colegial, na época curso clássico, no Colégio de Aplicação, da Faculdade de Filosofia, Letras e Ciências Humanas da USP, e me formei em História nesta mesma instituição em 1973. Interrompi os estudos por cinco anos, trabalhei no Sesc de São Paulo, fiz mestrado em Ciências Sociais na PUC de São Paulo, estudando à noite e tendo como orientador o professor dr. Octavio Ianni, com dissertação concluída e defendida em 1983. Iniciei minha vida acadêmica como professor na Unesp, campus de Marília, em 1988, e me doutorei em Psicologia Social na USP, sob orientação da professora dra. Ecléa Bosi, em 1993. Fui professor por um curto período na Faculdade de Educação Física da Unicamp e em 1996 ingressei na USP como professor no Departamento de Psicologia Social e do Trabalho. Tornei-me livre docente em 2004 e professor titular em 2008. Escrevi alguns livros: *Brinquedos artesanais e expressividade cultural* (São Paulo, Sesc, 1982), *Brinquedos tradicionais brasileiros* (São Paulo, Sesc, 1983), *O que é brinquedo* (São Paulo, Brasiliense), *Brinquedo e indústria cultural* (Petrópolis, Vozes, 1986), *Vidas compartilhadas. Cultura e coeducação de gerações na vida cotidiana* (São Paulo, Hucitec/Fapesp, 1999), *Cultura solidária em cooperativas. Projetos coletivos de mudança de vida* (São Paulo, Edusp/Fapesp, 2006). Este último me concedeu a alegria do Prêmio Jabuti em sua categoria, no ano de 2007. Organizei duas coletâneas de textos: *Metodologia das ciências humanas.* (2ª ed. São Paulo, Ed. da Unesp/Hucitec, 2001) e *O lúdico na cultura solidária* (São Paulo, Hucitec, 2001). Sou casado com a professora Cecília Helena L. de Salles Oliveira, historiadora.